Felix & Theo

MÜLLER IN NEW YORK

LANGENSCHEIDT

BERLIN · MÜNCHEN · WIEN · ZÜRICH · NEW YORK

Leichte Lektüren
Deutsch als Fremdsprache in drei Stufen
Müller in New York *Stufe 3*

© 1995 by Langenscheidt KG, Berlin und München
Druck: Druckhaus Langenscheidt, Berlin
Printed in Germany
ISBN 3-468-49692-3

1 2 3 4 5 * 1999 98 97 96 95

"Ja! In dieser völlig verrückten Stadt kann alles passieren!"
(Charles Hanson Toune, amerik. Schriftsteller)

Die Hauptpersonen dieser Geschichte sind:

Helmut Müller, Privatdetektiv. Er fliegt zum ersten Mal in seinem Leben nach New York.
Bea Braun, seine Mitarbeiterin, hilft von Berlin aus, eine heikle Angelegenheit diskret und zuverlässig zu erledigen.
Sophie Schönfeld ist Galeristin in Berlin und macht sich Sorgen um ihren Neffen Joachim.
Joachim Schönfeld, Kunststudent. Er ist in New York verschwunden.
Ilona Schmidt. Sie ist die Freundin Joachims, kocht den besten Kaffee in NY, weiß aber auch nicht, wo er ist.
Claudia Vogel. Sie arbeitet als Bibliothekarin im Goethe-Institut, kennt gute Restaurants und gibt Müller ihre Telefonnummer.

1

Privatdetektiv Müller liegt auf seinem Sofa, die Zeitung zerknüllt am Boden. Er hat knallbunte Bermuda-Shorts und ein altes T-Shirt an. Es ist drückend heiß an diesem Augustabend in Berlin.

Er hat die Programmseiten in der Zeitung studiert: Nichts Interessantes im Kino, nur langweiliges Programm im Fernsehen – Sommerloch!

Und jetzt noch ausgehen, ein kühles Bier vielleicht ... In Müller kämpfen Durst und Phlegma.

"Drrring! Drrrring!" Das Telefonklingeln schreckt ihn auf.
"Müller!"
"Guten Abend, Herr Müller, mein Name ist Schönfeld ..."
"Guten Abend ..." Müller kommt die Stimme bekannt vor. Eine ältere Frauenstimme, die er schon mal gehört hat. Schönfeld? Woher kennt er den Namen?
"Sophie Schönfeld, ich leite eine Galerie für Moderne Kunst hier in Berlin; wir hatten schon mal das Vergnügen ..."
"Ja, natürlich, Frau Schönfeld, ich erinnere mich. Damals ging es um den gefälschten Paul Klee", Müller ist die Geschichte um die Fälschung und seinen Freund Walter Angermeier sofort wieder eingefallen.
"Was kann ich für Sie tun, Frau Schönfeld? Wieder eine Fälschung aufgetaucht von Walter ...?"

"Nein, Herr Müller, diesmal geht es eher um eine private Angelegenheit. Könnten Sie vorbeikommen?"

"Ja gerne, Frau Schönfeld. Moment, ich hole nur mal meinen Terminkalender ..."

"Ich dachte eigentlich, ob Sie nicht sofort vorbeikommen könnten, Herr Müller?"

"Was, jetzt? Es ist doch schon so spät ..."

"Bei dieser Hitze kann doch sowieso kein Mensch schlafen, und es ist gerade mal halb zehn ..."

Müller schaut auf seine Bermuda-Shorts, denkt an die Hitze, aber auch an sein leeres Bankkonto und verspricht: "Ich komme, Frau Schönfeld. Ihre Wohnung ist im gleichen Haus wie die Galerie?"

"Ja, im ersten Stock. Läuten Sie bei 'Privat'. Ich stelle ein Bier kalt."

2

Müller lümmelt in einem bequemen Bauhaus-Sessel, in der Hand ein Glas Bier, kühl und angenehm.

Die alte Dame lächelt Müller an und beginnt zu erzählen: "Vielleicht hat Ihnen Bea damals schon von unserer Familiengeschichte erzählt. Meine Eltern und alle Angehörigen waren gezwungen, unter den Nationalsozialisten Deutschland zu verlassen. Ich bin mit meinem Bruder nach dem Krieg nach Berlin zurückgekehrt, und wir haben die Kunsthandlung meines Vaters übernommen. Mein Bruder ist vor ein paar Jahren gestorben, ich selbst war nie verheiratet.

Ich denke seit einiger Zeit darüber nach, das Geschäft aufzugeben und mich zur Ruhe zu setzen.

Der einzige Angehörige ist der Sohn meines Bruders, Joachim.

Ich habe ihn zuletzt vor über einem Jahr gesehen ..."
"Darf ich Sie mal unterbrechen, Frau Schönfeld? Geht es
um eine Erbschaft? Ich bin ja Privatdetektiv und kein
Rechtsanwalt ..."
"Ich weiß, Herr Müller, ich weiß", lächelt Sophie
Schönfeld.
"Noch brauche ich keinen Rechtsanwalt, sondern erst ein-
mal einen Privatdetektiv, der sich nach Joachim erkundigt.
Wie ich schon gesagt habe, weiß ich nicht, wo sich
Joachim aufhält. Ich möchte Sie bitten, ihn zu suchen und
ganz vorsichtig zu recherchieren, was er so treibt. Sie kön-
nen sich vorstellen, daß die Galerie bzw. meine Kunst-
sammlung einen ziemlichen Wert besitzt, und, ja, da woll-
te ich mich erst mal versichern, äh, also ob Joachim ..."
Müller kommt ihr zu Hilfe, da er merkt, daß es für die alte
Dame nicht so einfach ist zu erklären, daß sie die
Zuverlässigkeit ihres Neffen überprüfen will.
"Das ist eine Kleinigkeit für uns, Frau Schönfeld. Genau
unser Metier: Recherchen, zuverlässig und diskret:
Detektei Müller!"
Frau Schönfeld lächelt wieder, und Müller trinkt hastig ein
paar Schlucke Bier.
"Darum habe ich ja auch an Sie gedacht, Herr Müller. An
Sie und Bea."
Beim Namen Bea trinkt Müller nochmal ein paar
Schlucke.
Bea Braun, seine Assistentin.
Sie hat den ganzen Monat August Urlaub genommen.
Wieder eine Männergeschichte. Verliebt bis über beide
Ohren und die halbe Arbeitszeit im Juli hat sie am Telefon
verbracht mit Liebesgeflüster ...
Müller wischt sich den Bierschaum vom Mund und damit
auch die eifersüchtigen Gedanken weg ...

"Entschuldigen Sie, Frau Schönfeld, haben Sie vielleicht Papier und Bleistift, damit ich mir ein paar Notizen machen kann?"

Unser Privatdetektiv hat natürlich weder Notizblock noch sein Schreibzeug dabei.

Er notiert: Joachim Schönfeld, 24 Jahre. Adresse unbekannt, hat vor einem Jahr Kunst studiert.

Frau Schönfeld gibt Müller auch noch einen Scheck als Vorschuß für sein Honorar, und er ist sehr vergnügt, als er nach dem Gespräch nach Hause fährt.

Endlich hat es etwas abgekühlt, und unser Detektiv freut sich auf die Arbeit der nächsten Tage. Er lächelt beim Gedanken an seine großspurige Beschreibung der 'Detektei Müller': "Diskret und zuverlässig."

3

Am nächsten Tag besucht Müller als erstes die Kunstakademie. August! Wenige Studenten sind in den Ateliers. Die meisten wohl schon in den Ferien, beim Jobben oder einfach am Wannsee beim Baden.

Alle seine vorsichtigen Fragen nach einem Kunststudenten Joachim Schönfeld waren Fehlanzeige. Niemand konnte sich an den Namen erinnern.

Kurz vor 12 Uhr trifft Müller im Sekretariat eine freundliche Dame mittleren Alters, die sich bereit erklärt, in den Akten nach 'seinem' Neffen (Notlügen gehören zum Geschäft) zu suchen.

"Ja, hier habe ich den Namen: Joachim Schönfeld! Er hat an unserer Akademie vor drei Semestern studiert und sich dann abgemeldet."

Müller überlegt, warum sich Menschen aus der Verwaltung immer so mit der Institution, in der sie arbeiten, identifizieren, daß sie immer 'unsere' sagen.

"Fein, das ist immerhin ein Anhaltspunkt. Haben Sie vielleicht in Ihren Unterlagen auch seine Adresse?"

"Ja, aber die ist sicherlich schon alt: Forsterstraße 17."

"Ach ja, das ist in Kreuzberg. Ich schau dort einfach mal vorbei. Vielen Dank für Ihre Hilfe. Und schöne Ferien ..."

"Leider noch nicht!" lächelt die Dame. "Ich kann erst im September Urlaub machen. Dieses Jahr fahre ich nach Gerona, Nordspanien ..."

Müller überlegt, ob er sagen soll, daß er Gerona und die Gegend um Gerona sehr gut kennt. Sein Freund Felix wohnt dort. Aber die Dame wird ihn dann sicher in ein längeres Gespräch verwickeln, und so sagt er nur:

"Wie schön für Sie. Ich wünsche Ihnen eine schöne Zeit, und vielen Dank nochmal ..."

4

Forsterstraße. Als Müller das letzte Mal hier war, vor der Wiedervereinigung, war es eine typische Kreuzberger Gegend. Die Häuser alt und grau. Die Mauer war nahe. Aber jetzt, fast alles neu renoviert, und Müller zweifelt, daß sich hier noch studentische Wohngemeinschaften die Mieten leisten können.

Die Hausmeisterin in Hausnummer 17 bestätigt seine Zweifel.

"Nee, ein Herr Schönberg wohnt hier nicht!"

"Schönfeld, gnädige Frau, Schönfeld, Kunststudent."

Müller ärgert sich, daß er die Kunsthändlerin nicht um ein Foto gebeten hat. Er weiß ja selbst nicht einmal, wie Joachim aussieht.

"Kunststudent?" Die Hausmeisterin denkt angestrengt nach.

"Ja, warten Se mal, da haben welche im dritten Stock gewohnt, so ne Kommune. Die ham irgendwas mit Kunst gemacht."

Müller zückt einen 10-Mark-Schein, und obwohl er sich keine Chancen ausrechnet, fragt er:

"Wo die dann hingezogen sind, wissen Sie nicht zufällig ...?"

"Um Gottes Willen, nee. Das war ein einziges Kommen und Gehen damals. Da wußte man ja nich, wer zu wem gehört. Aber fragen Sie doch mal gegenüber bei Ali."

"Bei Ali?"

"Ja, das ist der Türke, drüben an der Ecke."

Müller steht vor einem türkischen Lebensmittelgeschäft. Der Besitzer heißt nicht Ali, sondern Feridun Üstün und kann sich sehr gut an Joachim erinnern.

"Der hat mir sogar mal Plakate gemalt, für meinen Laden. Aber den habe ich schon lange nicht mehr gesehen. Bestimmt seit eineinhalb Jahren nicht mehr. Er wollte doch immer nach New York gehen. Damals hat er jedenfalls dauernd davon geredet."

Müller kauft noch für das Abendessen ein und denkt an das Ende seines Auftrages.

5

Am Abend zu Hause, vor sich ein feines Abendessen mit gefüllten Weinblättern, Schafskäse, Fladenbrot und einem kühlen Bier, rechnet er sich aus, wieviel er von dem

Scheck zurückgeben muß.

Nach dem Essen ruft er Sophie Schönfeld an.

"Guten Abend, Frau Schönfeld, Müller hier. Meine Suche nach Ihrem Neffen hat leider ein negatives Ende gefunden. Joachim ist vermutlich in New York. An der Akademie hat er sich vor drei Semestern abgemeldet und ..."

"Ja, ich weiß", unterbricht ihn die Galeristin.

Müller ist sprachlos.

"Sie wissen das? Warum haben Sie mich dann beauftragt, daß ich Ihren Neffen suchen soll, wenn Sie wissen, daß ..."

"Herr Müller, ich wußte, daß Joachim für zwei Semester in New York studieren wollte. Er ist damals zu mir gekommen und hat mir seine Pläne erzählt. Daß in Berlin nichts los sei in Sachen Kunst, und er für zwei Gastsemester in der Kunstmetropole New York studieren wollte. Aber das war vor über einem Jahr, und ich dachte, Joachim wäre längst zurück!"

Es entsteht eine Pause, Müller überlegt, wie er die Sache mit dem Resthonorar ansprechen soll.

"Herr Müller, äh, ich will es mal so formulieren, äh, Ihr Auftrag ist noch nicht zu Ende ..."

Müller ist wieder sprachlos.

"Sie meinen, ... äh ..."

"Ja, Herr Müller, ich schlage vor, daß Sie weiter nach Joachim suchen. Der Junge ist vielleicht länger geblieben."

"Ich soll ihn in New York suchen? Ich war noch nie in New York."

"Dann wird es höchste Zeit, mein Lieber. Und was Ihr Honorar betrifft, bin ich natürlich bereit, eine entsprechende Auslandszulage zu bezahlen."

Jetzt ist Müller völlig sprachlos.

6

Drei Tage später sitzt Müller in einem Jumbo-Jet, Berlin-New York. Trotz seiner Flugangst, trotz der Panik, die ihn beim Betrachten des riesigen Stadtplans von Manhattan erfaßt hat. Aber die junge Dame im Reisebüro meinte, daß heutzutage Fliegen eher wie Busfahren sei, und New York müsse man einfach gesehen haben. Ende August wäre eine ideale Zeit, und da gäbe es ein ganz besonders günstiges Sonderangebot: zwei Wochen New York, mit Flug und Hotel usw.

Müller hat dann noch ein paar Mal versucht, seine Sekretärin Bea Braun zu erreichen, aber ohne Erfolg. Und der Gedanke, Bea eine Postkarte aus N.Y. zu schicken, hat den letzten Rest Unsicherheit zerstreut.

Müller sitzt gemütlich in der Mittelreihe, bloß kein Fensterplatz, wo vielleicht die Illusion, nur Bus zu fahren, platzen könnte.

In seinem Gepäck ein Foto von Joachim, seine Adresse in N.Y., einen Gutschein für zwei Wochen Hotel und kostenlosen Transfer vom Flughafen. Alles easy, Müller fliegt nach New York.

Die Maschine landet auf dem J.F. Kennedy-Airport. Und nach einer endlosen Prozedur am Einreise-Schalter steht Müller in der riesigen Ankunftshalle.

"Immer schön das Gepäck festhalten", meinte die Dame im Reisebüro.

Und Müllers Hand krampft sich um den Griff seiner Reisetasche, während er durch die Halle blickt.

"Lexington! Lexington!" Ein älterer Schwarzer lehnt lässig an einer Säule, mit einem Schild in der Hand: Hotel Lexington.

"Hello, my name is Müller, I'm coming from Germany. I need a transfer to Hotel Lexington". Müllers Englisch war in den letzten zwanzig Jahren selten in Gebrauch.

"Hi, Mister", grinst ihn der Fahrer an und gibt Müller zu verstehen, daß er hier warten soll.

In der Maschine waren noch mehrere Passagiere mit der gleichen Buchung. Sonderangebot, zwei Wochen N.Y. ...

Alle zusammen schaukeln sie in einem uralten Bus, die Sorte kennt Müller nur von amerikanischen Fernsehserien, vom Flughafen nach Manhattan.

Müller ist sprachlos. Da liegt er, der 'Big Apple', wie die New Yorker ihre Stadt nennen. Eine unübersehbare Ansammlung von Wolkenkratzern, deren Fensterfronten die Sonne reflektieren. Müller in New York.

An der Rezeption stehen die Reisenden aus Berlin. Typische Touristen, denkt Müller, wie sie da stehen in ihren bunten Freizeitkleidern. Auf dem Kopf der Männer Baseballmützen.

Und alle tragen eine kleine Tasche um die Hüften, der Trick gegen Taschendiebe.

"Helmut Müller, please!" Er wird aufgerufen, gibt seinen Gutschein für die erste Woche ab und erhält den Schlüssel für sein Zimmer. "Key", wie der junge Mann an der Rezeption sagt, aber in Wirklichkeit ist es eine Scheckkarte bzw. ein Plastikschlüssel.

Müller verfährt sich mit dem Lift zweimal, bis er endlich im 24. Stock und dann in seinem Zimmer ankommt. Der Schlüssel funktioniert sogar, und der Detektiv betritt ein kleines, gemütliches Zimmer.

Endlich kann er seine Reisetasche abstellen und neugierig schaut er aus dem Fenster. Wirklich beeindruckend diese Stadt. Straßenschluchten, himmelhohe Glasbauten, dazwischen kleinere Hochhäuser mit niedlichen Dachgärten und auf vielen Dächern die typischen hölzernen Wassertanks.

Müller hat Lust, sofort einen Spaziergang durch die nähere Umgebung zu machen. Er hat im Reiseführer gelesen, daß man Manhattan am besten zu Fuß erkundet. Aber da ist ja auch noch sein Auftrag!

Er räumt seine Kleider in den Schrank, sucht vergeblich nach den Kakerlaken im Badezimmer – auch das stand im Reiseführer – und mit einem Budweiser Bier aus der Zimmerbar faltet er den riesigen Stadtplan auf dem Bett aus. Es dauert ein bißchen, bis er das Falt-System kapiert, aber dann ist es ein praktischer, handlicher Plan.

Manhattan ist ziemlich einfach gegliedert. Alle Straßen von Norden nach Süden kommen ihm bekannt vor: Broadway, 1. Avenue usw., Namen aus Filmen und Büchern. Die Straßen von Westen nach Osten haben Nummern, und ganz einfach findet er seinen Standort: Lexington Avenue, in der das Hotel liegt.

Aus seiner Aktenmappe holt er den Zettel mit der Adresse von Joachim, die ihm Frau Schönfeld gegeben hat.

"35. Straße, Nr. 204, Ecke 3. Avenue."

Schnell findet er die Kreuzung und stellt fest, daß das gar nicht weit vom Hotel entfernt ist, vielleicht 10 bis 15 Minuten zu Fuß.

Aber warum sollte er eigentlich schon am ersten Tag mit der Arbeit beginnen? Ein bißchen Urlaub darf er ja auch machen, und so beschließt der Detektiv, erst einmal einen Bummel zum Broadway zu machen.

18

7

Broadway. Lichtreklamen, die auch am Tag ununterbrochen flackern, riesige Theater- und Kinoplakate, Geschäfte, Restaurants, unzählige Taxis und Menschen aller Hautfarben, die zielstrebig eilen.

Im Reiseführer hat er gelesen, daß die New Yorker immer ziemlich eilig wirken. Geschäftig. Dazwischen die Touristen in ihren bunten Kleidern und Baseballmützen. Müller schaut und spaziert, sicher, da er ja den Stadtplan in Taschenbuchformat in seiner Hosentasche dabei hat.

Gelegentlich wirft er einen Blick hinein und erreicht schließlich sein Ziel: das Empire State Building.

Geduldig steht er in der Warteschlange und fährt eingequetscht in einem Lift, der vermutlich mit Lichtgeschwindigkeit fährt, in den 102. Stock.

Eine Stunde steht Müller auf der Aussichtsplattform und schaut und schaut.

Müller ist begeistert.

Jetzt bedauert er, daß er keinen Fotoapparat dabei hat, aber schließlich ist er ja beruflich hier.

Im Souvenir-Shop kauft er einige Ansichtskarten und schlendert gemütlich zum Hotel zurück.

Auf dem Weg hat er in einem Deli – Abkürzung für Delikatessen-Laden – Salat, Hühnchen und Donuts gekauft, und bei laufendem Fernsehapparat macht Müller in seinem Hotelzimmer Picknick.

Allmählich spürt er auch den kilometerlangen Spaziergang in den Beinen, und inmitten der Plastikverpackung seines Abendessens schläft Müller ein.

8

Im Erdgeschoß des Hotels, im Coffee-Shop, sitzt Müller vor einem merkwürdigen Frühstück: getoastete Weißbrotscheiben, Würstchen, Rührei und eine klebrige Masse, Ahornsirup.

Aber sein Hunger zerstreut alle Bedenken, und nach kurzer Zeit ist der Teller leer.

Der Weg zur 35. Straße dauert tatsächlich nur 15 Minuten, und der Detektiv steht vor einem 'Brick-Stone-House', einem Ziegelhaus mit nur zwei Etagen, das sich gegen die Bauwut und gegen die Wolkenkratzer behauptet hat.

Er überquert einen kleinen Hof und steht vor einer dunklen Holztür. An der Klingel natürlich kein Schild. Trotzdem drückt Müller auf den Knopf, und nach einiger Zeit öffnet sich die Tür einen Spalt, gesichert mit einer Kette.

"Good morning, Miss. My name is Müller, Helmut Müller from Berlin. I'm looking for Mr. Schönfeld!"

"Joachim ist nicht da", antwortet das hübsche Mädchen auf Deutsch und will gerade wieder die Tür zumachen.

"Moment bitte, Fräulein. Ich komme von Joachims Tante!"

Die Tür geht wieder einen Spalt weit auf, und das Mädchen fragt:

"Aha, von Joachims Tante. Tut mir leid, aber ich weiß auch nicht, wo Joachim steckt. Er ist seit zwei Wochen nicht mehr nach Hause gekommen. Was will Frau Schönfeld von Joachim?"

"Äh, eigentlich nichts. Ich kenne Joachims Tante, und da ich gerade Ferien in New York mache, sollte ich Grüße bestellen." Schon wieder diese Notlüge.

"Falls Joachim wieder auftaucht, kann ich sie ihm ja bestellen, guten Tag."

Die Tür geht zu. Müller überlegt, ob es Sinn hat, noch einmal zu klingeln. Aber das Mädchen war ziemlich abweisend, und er will sie nicht verärgern. Vielleicht versucht er es an einem anderen Tag noch einmal.

Im Innenhof des 'Museum of Modern Art' ist ein kleines Café. Müller sitzt bei einem Orangensaft mit Eis und macht Notizen:

Wo soll er Joachim suchen?
Soll er die Kunstakademie in New York besuchen?
Soll er das Haus in der 35. Straße observieren,diskret und zuverlässig?

9

In der Bibliothek des Goethe-Instituts liegen mehrere deutsche Tageszeitungen. Müller holt sich die 'Süddeutsche Zeitung' und beginnt zu lesen. Wie immer von hinten. Erst den Sportteil, dann die Kulturseiten und schließlich landet er auf Seite 3.

Die Bibliothekarin bringt Illustrierte und Magazine, ordnet sie in die Regale und lächelt Müller im Vorbeigehen zu. Müller lächelt zurück und beobachtet, wie sie mit ihrem etwas zu kurzen Rock zu ihrem Schreibtisch schlendert.

Müller hat eine Idee. Er faltet die Zeitung zusammen, holt das Foto von Joachim aus der Brusttasche seines Polohemdes und geht langsam zum Schreibtisch am Ausgang.

"Kann ich Ihnen helfen?" die Bibliothekarin lächelt schon wieder.

Müller ist ein bißchen verlegen, tritt von einem Fuß auf den anderen und legt das Foto auf den Tisch.

"Ja, ähm, wo soll ich anfangen. Wissen Sie, ich bin gerade hier in der Stadt, und eine Bekannte hat mich gebeten, ihren Neffen zu besuchen. Der Neffe studiert hier in New York an der Kunstakademie. Und da dachte ich, weil ja vielleicht die Deutschen öfter hier bei Ihnen reinschauen ... äh, vielleicht kennen Sie den jungen Mann?"

Die Bibliothekarin lächelt immer noch, nimmt das Foto und schaut es ziemlich lange an.

"Ja, den kenn ich. Ich erinnere mich. Der junge Mann war öfter zum Lesen hier. Er hat kürzere Haare als auf dem Foto. Aber zuletzt war er bestimmt vor einigen Wochen hier. Moment, ich kann mal nachsehen, wir führen eine Besucherliste."

Die freundliche Dame holt einen Aktenordner.

"Warten Sie mal, im Juni oder Juli war er öfter hier ..."

Müller geht um den Schreibtisch herum und blickt mit der Bibliothekarin auf handgeschriebene Namenslisten.

"Wie heißt er denn?"

"Schönfeld, Joachim Schönfeld. Kunststudent aus Berlin."

"Sind Sie sicher? Der junge Mann, den ich meine, hat sich unter dem Namen 'Schmidt' eingetragen."

Die beiden finden tatsächlich heraus, daß Joachim als 'Joachim Schmidt' öfter in der Bibliothek war. Aber warum nicht unter seinem richtigen Namen?

Die beiden plaudern noch ein bißchen. Es stellt sich heraus, daß die Bibliothekarin, die sich Müller als 'Claudia' vorstellt, in Berlin studiert hat. Und Müller lädt sie für den nächsten Nachmittag zum Kaffee ein.

"Gut, dann bis morgen, Claudia. Ich hole Sie gegen 16 Uhr hier in der Bibliothek ab."

Zurück im Hotel legt sich Müller erstmal in die Badewanne. Seine Beine schmerzen. Das lange Spazierengehen ist er nicht gewöhnt. Entspannt liegt er im heißen Wasser und sammelt die bisherigen Ergebnisse seiner Suche.

Warum trägt sich Joachim unter falschem Namen ein? Warum ist er seit zwei Wochen verschwunden, wie das Mädchen behauptet? Wer ist das Mädchen? Wo kann er weitersuchen? Wo sucht ein Berliner Privatdetektiv, der zum ersten Mal in seinem Leben in dieser riesigen Stadt zu Besuch ist, einen verschollenen Studenten?

10

Nach einem Besuch im Rockefeller Center, das Müller überhaupt nicht gefallen hat, und einem langen Spaziergang im Central Park kommt Müller viel zu früh ins Goethe-Institut.

Claudia schlägt ihm vor, doch noch einen Besuch im Naturkunde-Museum gegenüber zu machen, aber da seine Beine wieder protestieren, setzt sich Müller in die Bibliothek und studiert die Zeitung.

Außer ihm sitzen noch zwei ältere Herren im Raum und lesen.

Plötzlich geht die Tür auf, und ein Mädchen tritt ein.

Müller dreht sich weg. Er hat sie sofort erkannt. Das Mädchen von der 35. Straße.

Sie ist bestimmt zum ersten Mal in der Bibliothek und versucht, dies zu verbergen. Sie geht von einem Regal zum anderen und kommt immer näher zu Müllers Ecke. Schließlich nimmt sie ein Journal und setzt sich an den Nachbartisch. Sie liest nicht, blättert hastig die Seiten um und beobachtet die Tür. Sie wartet wohl auf die Bibliothekarin.

Müller steht auf und setzt sich zu ihr an den Tisch.

"Guten Tag, das war ja ein schnelles Wiedersehen!" lächelt er.

Das Mädchen ist erschrocken und überlegt kurz wegzugehen. Resigniert legt sie das Journal weg und betrachtet Müller.

"So ein Zufall, Herr äh, wie war doch Ihr Name?"

"Müller. Helmut Müller aus Berlin. Kommen Sie öfter hier in die Bibliothek?"

Als das Mädchen antworten will, geht die Tür auf, und Claudia kommt herein. Sie sucht im Raum nach Müller, und als sie ihn sieht, runzelt sie kurz die Stirn und geht in die Leseecke.

"Hallo, Claudia. Heute ist in Ihrer Bibliothek großes Treffen. Das ist Fräulein, äh, wie war eigentlich Ihr Name?"

"Ich habe meinen Namen noch nicht genannt, Herr Müller. Ich heiße Ilona."

"Und ich Claudia", sagt die Bibliothekarin und streckt Ilona ihre Hand hin.

"Darf ich die beiden Damen zum Kaffee einladen?" lächelt Müller.

"Vielleicht haben wir beide, äh, Ilona und ich, die gleichen Probleme ..."

Kurze Zeit später sitzen die drei in einem Coffee-Shop und Müller eröffnet das Gespräch.

"Tja, Fräulein Ilona, ich bin immer noch auf der Suche nach Joachim. Gestern hatte mir Claudia bestätigt, daß Joachim öfter in der Bibliothek war. Unerklärlich ist nur, warum er sich unter falschem Namen in die Besucherliste eingetragen hat. Können Sie das erklären?"

"Ist das ein Verhör, oder was?" Die Studentin ist immer noch sehr skeptisch.

"Natürlich nicht, Ilona, aber wie ich schon sagte, vielleicht haben wir beide das gleiche Problem, und das heißt Joachim ..."

"Was wollen Sie eigentlich von Joachim?"

"Persönlich gar nichts. Wie ich Ihnen gestern schon erklärt habe, ist seine Tante eine alte Freundin von mir, und die macht sich Sorgen um Joachim. Er hat sich ja schon seit über einem Jahr bei ihr nicht mehr gemeldet. Und Frau Schönfeld dachte, daß Joachim längst nach Berlin zurückgekehrt sei ..."

"An welcher Akademie studiert eigentlich Joachim?" fragt Claudia.

Ilona blickt von Claudia zu Müller und von Müller zu Claudia, seufzt tief und beginnt zu erzählen.

"Joachim ist verschwunden. Er ist seit zwei Wochen nicht mehr nach Hause gekommen. Schon seit längerer Zeit fühlte er sich verfolgt und hatte vor irgend etwas Angst. Ich konnte aber mit ihm nicht darüber sprechen. Er wurde sofort wütend. Vielleicht erklärt das, warum er den falschen Namen benutzt hat ..."

In Müllers Kopf rattert es wie in einem Computer, und er kommt zu der Überzeugung, daß Joachim erpreßt worden ist ...

Weiß Ilona etwas von dem Erbe?

"Warum sind Sie denn nicht nach Berlin zurückgefahren, Fräulein Ilona?" fragt Müller mißtrauisch.

"Wir hatten kein Geld mehr für die Tickets."

"Aber Sophie, ich meine Frau Schönfeld, hätte doch sicher das Geld zur Verfügung gestellt ..."

"Die, niemals. Die sitzt doch auf ihrem Geld, der alte

Geizkragen!"
Müller läßt sich sein Erstaunen nicht anmerken.
"Und die Polizei? Wenn es sich um eine ernsthafte
Bedrohung handelt, geht man doch einfach zur Polizei",
erklärt Claudia.
"Das habe ich Joachim auch vorgeschlagen, aber er wollte
mit mir nicht darüber reden. Es wäre eine private
Angelegenheit, die sich bald klären würde ..."

Das Gespräch ist an einem Endpunkt angelangt. Und so
reden die drei über New York und Berlin, tauschen Tips
für Kino-, Theater- oder Ausstellungsbesuche aus. Claudia
gibt Müller ihre Telefonnummer und verspricht, ihm an
einem der nächsten Abende ein sehr gutes russisches
Restaurant in Brighton Beach zu zeigen.

11

Müller hat sein Hotelzimmer in ein kleines Büro umge-
wandelt. Überall liegen Zettel mit Notizen und Spekulationen herum. Er notiert, streicht durch und wirft die
meisten Zettel weg.
Irgend etwas stimmt an der Geschichte nicht, und irgend-
wer lügt.

Frau Schönfeld behauptet, Joachim zwei Semester Studium in New York bezahlt zu haben ...

Ilona, vermutlich Joachims Freundin, bezeichnet die alte Dame als Geizkragen ...

Joachim hat Angst, benutzt einen falschen Namen und taucht unter, jedenfalls behauptet das seine Freundin ...

Müller ordnet seine Gedanken und kommt zu dem Schluß, daß Joachim wegen der anstehenden Erbschaft erpreßt wird. Aber von wem? Und woher wissen die Erpresser von Joachims Erbe? Wo ist die undichte Stelle?

Die halbe Nacht liegt Müller wach.

Ein furchtbarer Verdacht treibt ihn aus dem Bett. Er blickt auf die nächtliche Stadt. Sophie Schönfeld hat gesagt, daß sie den Auftrag an ihn und Bea gegeben hat. Bea! Ist dort die undichte Stelle? Beas neuer Freund – den er sowieso nicht leiden kann. Der hätte das Format zum Erpresser! Und Bea, immer pleite, bei dem geringen Honorar, das er ihr bezahlt ...

Und beide sind seit Anfang August verschwunden. Sind die beiden vielleicht die Erpresser!!!?

Müller erinnert sich, daß damals, als sein Freund Angermeier einen gefälschten 'Klee' verkauft hat, der Kontakt zu Frau Schönfeld über Bea hergestellt worden ist ... Bea weiß also bestimmt über die Verhältnisse und das Vermögen von Sophie Schönfeld Bescheid.

Bea als Erpresserin ...?

Müller ist ganz erschlagen von seinen Spekulationen.

Er holt sich noch ein Budweiser aus der Zimmerbar, und eine dumpfe Leere füllt ihn aus.

30

Zwei Stunden später: Müller hat noch ein bißchen geschlafen, wirres Zeug geträumt, und die nächtlichen Überlegungen beunruhigen ihn noch immer.

Vielleicht sollte er Ilona besuchen und ihr die Wahrheit über seine Suche nach Joachim erzählen. Ist sie eine Verbündete oder Gegnerin? Soll er Frau Schönfeld anrufen und über das Geld befragen, das sie Joachim für das Studium bezahlt hat ...

Soll er Bea anrufen – dann wüßte er immerhin, daß sie nicht oder nicht mehr in New York ist ... Zu viele Fragen für einen Privatdetektiv am frühen Morgen, ohne Frühstück.

12

"Guten Morgen, Fräulein Ilona. Kann ich mal kurz reinkommen ...?"

Müller steht vor der gesicherten Haustüre, 35. Straße, und eine verschlafene Ilona guckt durch den Türspalt.

"Ach Sie sind's. Moment."

Sie löst die Sperrkette und läßt Müller herein.

"Trinken Sie einen Kaffee mit mir?" fragt Ilona auf dem Weg in die Küche.

"Gerne, ich habe auch noch nicht gefrühstückt", antwortet Müller und schaut sich in der Wohnung um.

Viele Bilder hängen an der Wand. Starke Farben, kaum erkennbare Gegenstände, aber alle vermutlich vom gleichen Maler.

Durch eine geöffnete Tür sieht er in einen großen hellen Raum, in dem viele Leinwände an den Wänden lehnen. In den Regalen stehen Farbtöpfe, alte Konservendosen mit Pinseln, Papierrollen, und an einem Haken hängt ein total mit Farbe bekleckerter Overall.

Gegenüber von dem Atelier ist die Tür ebenfalls nicht ganz geschlossen. An einer quer durch den Raum gespannten Wäscheleine hängen Kleider und Hosen, Hemden, Jeans. In der Mitte vom Raum liegt ein großer Futon mit zerknautschtem Bettzeug.

"Kaffee ist fertig!" ruft Ilona aus der Küche.

Müller folgt der Stimme und kommt in eine gemütliche Küche, mit großem runden Tisch. Regale aus alten Obstkisten sind gefüllt mit Geschirr und Lebensmitteln. Sehr gemütlich und lebendig.

Müller setzt sich an den Tisch, eine große Tasse mit Milchkaffee vor sich. Neben einem Blumentopf, der mitten auf dem Tisch steht, liegen Briefe und Umschläge. Auf einem steht: 'Miss Ilona Schmidt, c/o Schönfeld, 204, 35th street, ...'.

"Ja, Fräulein Schmidt, da bin ich schon wieder. Ich denke, wir sollten offen miteinander reden ..."

"Ich habe gleich gedacht, daß Sie sowas wie ein Detektiv sind ..."

Müller schaut erstaunt über den Rand seiner Tasse.

"Ich, Detektiv? Wie kommen Sie darauf?"

"Es war bestimmt kein Zufall, daß wir uns im Goethe-Institut getroffen haben. Wahrscheinlich haben Sie mir nachspioniert ..."

"Nein, da irren Sie sich, Ilona. Ihren Namen habe ich eben auf einem Briefumschlag gelesen. Und das Treffen in der Bibliothek war wirklich Zufall. Aber mit Ihrer Vermutung haben Sie recht. Ich bin Privatdetektiv und von Frau Schönfeld beauftragt, ihren Neffen zu suchen. Sie macht sich Sorgen, weil Sie, also Sie und Joachim nicht nach Berlin zurückgekommen sind."

"So, so. Die Tante macht sich Sorgen. Dabei weiß sie doch genau, warum wir nicht zurückkommen."

"Aber warum, wenn ich fragen darf?" fragt Müller neugierig.

"Also, Herr Privatdetektiv, dann will ich auch mal ehrlich zu Ihnen sein. Joachim hat ziemliche Schulden. Ich weiß nicht bei wem und warum. Ich weiß nur, daß es in letzter Zeit immer öfter Anrufe gegeben hat, Anrufe von ziemlich unfreundlichen Herren. Eines Abends, vor ungefähr zwei Wochen, haben zwei dieser Leute vor dem Haus auf Joachim gewartet, und es wäre beinahe zu einer Schlägerei gekommen. Joachim ist davongelaufen und seitdem nicht wieder gekommen ..."

"Nimmt Joachim, äh Drogen ...?"

"Ha, typisch Detektiv! Joachim und Drogen, so ein Quatsch! Ich bin mit Joachim seit Jahren befreundet und müßte das wissen. Quatsch! Joachim raucht nicht, trinkt nicht und nimmt keine Drogen! Er treibt Sport und achtet sehr auf seine Gesundheit ..."

"Entschuldigen Sie, es war halt so eine Vermutung ... Und wissen Sie wirklich nicht, wie er zu diesen Schulden gekommen ist?"

"Nein, ich sagte doch, ich weiß es nicht. Glauben Sie mir,

ich täte alles, um Joachim zu helfen! Im Gegensatz zu seiner Tante!"

"Weiß Frau Schönfeld von diesen Schulden?"

"Ja, äh, eigentlich nein. Joachim hat vor ein paar Wochen mit ihr telefoniert und sie gebeten, ob sie ihm Geld leihen könnte, aber Tante Sophie hat abgelehnt und meinte, daß sie uns das ganze Studienjahr unterstützt hat, und Joachim müßte endlich auf eigenen Füßen stehen. Sie hätte uns nur das Geld für die Flugtickets leihen müssen. In Berlin haben wir immer neben dem Studium gejobbt und Geld verdient ... aber hier in New York ..."

Müller trinkt seinen Milchkaffee aus und verabschiedet sich.

13

Den Nachmittag verbringt Müller mit touristischem Pflichtprogramm: 'Little Italy', 'Chinatown' und schließlich, genau wie es der Reiseführer vorschreibt: ein Besuch auf dem 'World Trade Center'. Die Stadt in der Abenddämmerung, ein Lichtermeer, wunderbar und atemberaubend.

Aber in Müllers Kopf dreht sich alles um den verschwundenen Joachim. Entdeckt er auf der einen Seite ein Stückchen Wahrheit, bedeutet dies, daß jemand anderes gelogen hat ...

Was weiß Frau Schönfeld wirklich?

Für den Weg zurück zum Hotel nimmt Müller ein Taxi und lernt, daß Fliegen vielleicht doch nicht die gefährlichste Fortbewegung ist. Der Taxifahrer war früher sicherlich Stuntman, und Müller ist froh, daß er lebend das Hotel erreicht.

"Mister Muller, there is a message for you!" Der Rezeptionist hält Müller ein Blatt entgegen.

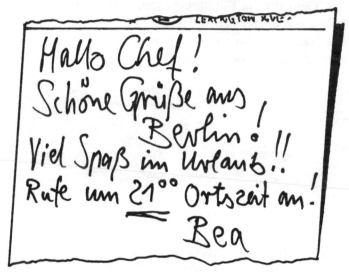

Müller bedankt sich und fährt auf sein Zimmer.
Er liest das Fax noch einmal und ist sehr zerknirscht.
Bea, die gute Bea. Und er hat sie verdächtigt, als Erpresserin zu arbeiten ... Das war wohl der Ahornsirup, der gestern seine Gedanken verklebt hat. Er holt sich ein Bier und legt sich aufs Bett.
In einer Programmzeitschrift studiert er die Sendungen. Nur Serien. Müller haßt Serien. Die guten Programme, vor allem Spielfilme, kommen nur auf 'Pay-TV'.

Was soll's, Kino kostet auch Geld, denkt Müller und wählt den Film 'White men can't jump'. Ein junger Weißer freundet sich mit einem Schwarzen an, und zusammen spielen sie Street-Basketball. Immer zwei gegen zwei, und dabei geht es immer um Geld, zum Teil um viel Geld. Als die beiden einmal verlieren, kommen sie in arge Bedrängnis und ...

Mit einem Satz springt Müller vom Bett auf.

"Das ist es!" ruft er laut. "Wettschulden!"

Im gleichen Moment klingelt das Telefon. Bea.

"Wie haben Sie mich gefunden, Bea?"

"Arbeite ich nun bei einem Privatdetektiv oder nicht, Chef? Das war ganz einfach. Ich bin eine Woche früher aus dem Urlaub zurückgekommen, und Sie waren nicht da. Aber auf Ihrem Schreibtisch lag ein Prospekt mit Amerikareisen, und dann habe ich im Reisebüro angerufen, die Adresse stand auf dem Prospekt, und die Dame hat mir bestätigt, daß Sie eine Reise nach New York gebucht haben. Und der Rest war ganz einfach, Hotel Lexington ..."

"Dann hat Ihnen nicht Frau Schönfeld gesagt, daß ich hier bin?"

"Sophie? Was hat Ihre Reise mit Sophie zu tun?"

"Ach Bea, das ist eine lange Geschichte. Ich bin beruflich, also sozusagen im Auftrag von Frau Schönfeld hier."

"Super, Chef! Ein Auftrag in New York! Brauchen Sie keine Assistentin? Ich nehme die nächste Maschine!"

"Ach Bea, ich bin so froh, daß Sie wieder da sind. Ich habe da einen ziemlich verwickelten Fall zu klären. Joachim, äh, ich meine der Neffe von Frau Schönfeld, ist hier. Nein, äh, er ist nicht hier, ich suche ihn sozusagen, ach ich bin ganz durcheinander. Ich bin wirklich froh, daß Sie zurück sind!"

"Aber, aber Chef. Ich war doch bloß im Urlaub!"

"Ja, warum sind Sie denn früher zurückgekommen? Sie wollten doch mit Ihrem Freund, äh, vier Wochen, äh ..."

"Pah, Männer!"

Müller fragt nicht weiter. Er ist sehr froh.

"Ich brauche Sie vielleicht wirklich, Bea. Aber besser in Berlin. Sie müssen in den nächsten Tagen ein paar Dinge mit Frau Schönfeld besprechen. Ich glaube nämlich, daß ich gerade vorhin den Fall aufgeklärt habe ...!"

"In Ihrem Hotelzimmer? Haben Sie da Joachim gefunden?"

"Machen Sie sich nur lustig über mich, Bea. Wirklich, ich habe eine Idee. Und wenn ich morgen mehr weiß, dann rufe ich Sie an oder schicke ein Fax mit weiteren Instruktionen."

"Ja, Meister. Privatdetektivin Bea Braun erledigt alles, diskret und zuverlässig!"

Sie plaudern noch eine Weile und Müller ist sehr froh.

"Sie schon wieder? Ich koche wohl den besten Kaffee in der Stadt!" Lächelnd öffnet Ilona Schmidt die Tür, und Müller riecht frischen Kaffee.

"Ich mußte sofort kommen, Fräulein Schmidt. Ich habe eine Idee. Welche Art Sport treibt Joachim?"

"Was hat denn das mit Joachims Verschwinden zu tun?"

"Vielleicht schon etwas", entgegnet Müller ungeduldig. Warum sind junge Leute immer so kompliziert.

"Tja, er joggt, er geht schwimmen, er hält sich fit. Früher hat er in Berlin Basketball gespielt ..."

"Ha, das ist es! Basketball! Streetbasketball!"

"Sie spielen auch? Äh, ich meine, Sie interessieren sich für Streetbasketball?"

Müller weiß nicht, ob das eine Anspielung auf sein Übergewicht ist. Aber er ignoriert die Bemerkung.

"Spielt Joachim Streetbasketball? "

"Jeder spielt hier Streetbasketball. Ich meine, viele Jungs spielen. In jedem Hof hängt ein Korb, und vier Leute sind gleich gefunden. Ja! Joachim hat hier immer gespielt. Warum fragen Sie?"

Müller erzählt Ilona von dem Film und seiner Idee, daß Joachim wohl dabei ziemlich viel Geld verloren hat. Und bei Wettschulden kennen wohl auch Basketballer kein Pardon. Genau wie im Film ...

"Ich kann Joachim ja mal danach fragen ..."

"Wieso, er ist doch seit zwei Wochen verschwunden?"

"Ja, schon. Er traut sich nicht mehr nach Hause, wegen der beiden Typen. Aber wir telefonieren, und äh, wir treffen uns auch in der Stadt, äh, Joachim wohnt bei Freunden und ..."

Müller weiß nicht, ob er sauer oder froh sein soll. Nicht nur Privatdetektive arbeiten mit Notlügen.

15

Im Hotel führt er ein langes Telefonat mit Bea und erzählt ihr die ganze Geschichte, von der Erbschaft, von Joachims Verschwinden, vom Streetbasketball, nur seinen Verdacht gegen Bea, den erzählt er nicht.

Er bittet Bea um einen Termin bei Sophie Schönfeld, bei dem sie ihr die ganze Geschichte vortragen soll und auch fragen, was er mit der restlichen Zeit in New York anfangen soll. Er denkt wieder an den Teil des Honorars, den er ja vielleicht zurückzahlen muß ...

Müller steht gerade unter der Dusche, als am späten Nachmittag das Telefon klingelt.

"Hallo, Herr Müller. Gratuliere, Sie haben den Fall ja geklärt!"

"Hallo, Frau Schönfeld. Geklärt vielleicht schon, aber Joachim habe ich noch nicht gefunden. Jedenfalls scheint es ihm gut zu gehen."

"Der Junge hat wohl Schwierigkeiten?"

"Ja, vielleicht. Hat Ihnen Bea nicht erzählt vom Streetbasketball, und äh ..."

"Hat sie, hat sie. Ich verstehe davon allerdings nichts und will auch nichts davon verstehen. Ich weiß nur, daß Joachim wohl noch ein bißchen Erfahrung sammeln muß."

"Frau Schönfeld, haben Sie mir immer die Wahrheit gesagt oder wußten Sie schon vor meiner Reise von Joachims Problemen ...?"

"Er hat mich um Geld gebeten, und ich habe 'nein' gesagt. Er hat genug Geld für sein Studium bekommen. Und ich brauchte einen Erben, der mit Geld umgehen kann."

"Sagten Sie eben 'brauchte'? Brauchen Sie jetzt keinen Erben mehr?"

Frau Schönfeld lacht.

"Nicht mehr so dringend, Herr Müller. Ich war in der Zwischenzeit auch bei einem Rechtsanwalt, wie Sie mir geraten haben. Ich werde die Kunstsammlung einer Stiftung übereignen. Und für die Galerie suche ich einen erfahrenen Geschäftsführer, dafür ist Joachim noch zu jung und unerfahren."

"Ja und was passiert mit Joachim ...?"

"Wenn er zurück in Berlin ist, wird es sicher in der 'Stiftung Schönfeld' eine Aufgabe für ihn geben. Ah, Herr Müller, wenn Sie Joachim oder seine Freundin Ilona sehen, sagen Sie doch, daß bei der Lufthansa ein Rückflugticket für beide bereitliegt. Und Ihnen noch einen schönen Urlaub in New York!"

"Aber Frau Schönfeld ..."

Müller trocknet sich ab.

Auf den Anrufbeantworter von Ilona Schmidt spricht er die Nachricht vom Rückflugticket und bittet die beiden, sich doch mal bei ihm zu melden, wenn sie zurück in Berlin sind.

An der Hotelrezeption schickt er ein Fax an Bea: ein gemaltes Herz mit ein paar freundlichen Sätzen ...

Und das Taxi, das vor dem Hotel auf ihn wartet, fährt zum Goethe-Institut, wo er Claudia abholt, zum Essen in das kleine russische Restaurant in Brighton Beach. Er muß ihr

42

unbedingt seine Idee erzählen von der Zweigstelle in New York: 'Muller, Private Investigations' ...

E N D E

Übungen und Tests

1. und 2. Der Auftrag: Versuchen Sie zu ordnen. Wer sucht wen, warum und wo?

WER: _____
(Name, Beruf, wohnt in..., Alter, etc)

_____

WEN: _____
(Name, ...)

_____

WARUM: _____

_____

WO: _____

_____

3. und 4. Was wissen wir schon über Joachim?

Joachim Schönfeld:

5. und 6. Was meinen Sie: Hatte Müller Angst vor und während der Reise? Können Sie Textstellen finden, die das zeigen?

Ist Müller ein erfahrener USA-Besucher oder nicht? Woran können Sie das erkennen?

7. Was meinen Sie: Gefällt Müller New York? Kreuzen Sie doch einfach an, wie sehr oder wie wenig ihm New York gefällt.

scheußlich	naja	ganz gut	super	phantastisch

8., 9. und 10. Was wissen wir jetzt über Ilona und Joachim? Kreuzen Sie an !

O   Joachim lebt mit Ilona zusammen.

O   Sie haben Probleme mit Sophie Schönfeld.

O   Ilona hat ein gutes Verhältnis zu Sophie Schönfeld.

O   Joachim und Ilona haben viel Geld.

O   Joachim hat Angst.

O   Ilona will nicht, daß Joachim zur Polizei geht.

11. und 12. Ordnen Sie zu:

Müller verdächtigt Bea,	warum Joachim Schulden hat.
Joachim und Ilona sind nicht nach Berlin zurückgefahren,	treibt Sport.
Joachim nimmt keine Drogen, sondern	weil sie kein Geld mehr hatten.
Ilona weiß nicht,	weil sie um das Vermögen von Sophie Bescheid weiß.

13. Müller hat eine Idee. Er sagt:

> "Das ist es! Wettschulden!"

Können Sie sich schon vorstellen, wie die Geschichte jetzt weitergeht?

14. und 15. Welche Zusammenfassung ist richtig?

A
> Joachim hat Streetbasketball gespielt und dabei viel Geld gewonnen. Jetzt wird er in Berlin die Stiftung Schönfeld leiten.

B
> Sophie Schönfeld hat eine Aufgabe für Joachim in der Stiftung und schickt ihm und Ilona ein Flugticket für den Rückflug nach Berlin. Müller bleibt in New York und gründet *H.M. private investigations*

C
> Joachim wird Geschäftsführer der Galerie Schönfeld, Ilona leitet die Stiftung und Müller holt Bea nach New York, um *Müller und Co., private investigations* zu gründen.

Richtig ist die Zusammenfassung A, weil...
B, weil...
C, weil...
keine, weil ...

Sämtliche bisher in dieser Reihe erschienene Bände:

Stufe 1

Oh, Maria …	32 Seiten	Bestell-Nr. **49681**
Ein Mann zuviel	32 Seiten	Bestell-Nr. **49682**
Adel und edle Steine	32 Seiten	Bestell-Nr. **49685**
Oktoberfest	32 Seiten	Bestell-Nr. **49691**
Hamburg – hin und zurück	40 Seiten	Bestell-Nr. **49693**

Stufe 2

Tödlicher Schnee	48 Seiten	Bestell-Nr. **49680**
Das Gold der alten Dame	40 Seiten	Bestell-Nr. **49683**
Ferien bei Freunden	48 Seiten	Bestell-Nr. **49686**
Einer singt falsch	48 Seiten	Bestell-Nr. **49687**
Bild ohne Rahmen	40 Seiten	Bestell-Nr. **49688**
Mord auf dem Golfplatz	40 Seiten	Bestell-Nr. **49690**
Barbara	40 Seiten	Bestell-Nr. **49694**

Stufe 3

Der Fall Schlachter	56 Seiten	Bestell-Nr. **49684**
Haus ohne Hoffnung	40 Seiten	Bestell-Nr. **49689**
Müller in New York	48 Seiten	Bestell-Nr. **49692**